AF610886

MÉMOIRE

JUSTIFICATIF

DU

MARÉCHAL MARMONT

DUC DE RAGUSE.

Patriæ totus et ubique.

Devise des armes du duc de Raguse, par Louis XVIII.

AMSTERDAM,

ET PARIS.

CHEZ LES MARCHANDS DE NOUVEAUTÉS.

1830.

PARIS. — IMPRIMERIE DE GAULTIER-LAGUIONIE,
rue de Grenelle-St-Honoré, n. 55.

MÉMOIRE JUSTIFICATIF

DU

MARÉCHAL MARMONT

DUC DE RAGUSE.

Amsterdam, 20 août 1830.

Pour la seconde fois dans une période de moins de seize années, je me vois, par l'injustice et l'acharnement des passions humaines, forcé de prendre la plume pour justifier ma conduite aux yeux de l'Europe.

Quelle cruelle destinée est donc la mienne! pour moi seul, l'ordre des événemens, les fruits de l'expérience, l'équité des jugemens semblent intervertis. Chez moi, l'amour de la patrie s'appelle trahison, le dévouement au prince vénalité, on me fait un crime capital même de la passive obéissance militaire.

La postérité sera-t-elle injuste à mon égard comme les contemporains? je n'ose le croire; je ne le crains pas.

Toutes les voix s'élèvent cependant pour m'attaquer, pour me flétrir, et de ce concert unanime d'accusations, résulte pour le vulgaire une prévention, plus difficile peut-être à déraciner que la conviction même.

Certes, pour tout homme impartial, le simple exposé des faits serait, quant à moi, une justification complète; cet exposé je vais le présenter naturel, clair, vrai.

Je ne demanderai ici au lecteur ni intérêt, ni indulgence; je ne veux de lui que de la bonne foi: qu'on me juge sans tenir compte d'une carrière de cinquante ans qui ne fut pas sans gloire; mais qu'on me juge sur les faits, et non sur des dires.

Dans les questions politiques surtout, les passions sont mauvaises conseillères; que le lecteur songe bien qu'ici il s'agit de prononcer sur une question où l'honneur, le premier des biens, se trouve intimement engagé.

Depuis 1815, je vivais en quelque sorte dans la retraite. Après avoir, vingt-cinq ans durant, servi mon pays de mon bras sur vingt champs de bataille, j'avais cru pouvoir lui être utile encore, en consacrant ma fortune entière à l'accroissement de son industrie. On a su quels malheurs de tout genre renversèrent les magnifiques établissemens que j'avais créés à force de peines et de sacrifices : là encore la fatalité qui s'acharne à moi dérouta toutes les prévisions, renversa tous les calculs. Je voulais accroître les richesses industrielles de la France, je sacrifiai tout dans ce but généreux : ma ruine a été complète.

Des chagrins domestiques vinrent aussi fondre sur moi; la main du malheur semblait me poursuivre partout.

Une seule, mais bien noble consolation me restait; elle me donna la force de supporter tant de revers accumulés : c'était la confiance, l'estime, je dirais presque l'affection du monarque français, de l'auteur de la charte.

Lorsque la France perdit ce prince, à qui elle dut à la fois la paix et la liberté, son frère qui montait sur le trône me continua la même faveur, dont me rendait digne mon dévouement sincère à cette dynastie qui a sauvé la France d'un démembrement.

On m'a représenté partout comme un ambitieux; on m'a fait avide d'honneurs, de places, de richesses. Et cependant quelle fut ma conduite depuis la restauration ? quels avantages ai-je tiré d'une faveur puissante ?

En 1830 je suis duc, maréchal et pair de France; mais dès 1804 j'étais maréchal : c'est Napoléon qui m'a fait duc de Raguse : c'est lui encore qui m'a placé sur les bancs de la chambre haute.

Des Bourbons, j'ai reçu des marques d'estime, aucune de munificence; et les Bourbons m'avaient bien jugé; la sympathie a plus d'empire sur mon cœur que la gratitude; ai-je été en reste avec eux ? je leur ai sacrifié plus que la vie.

Telle était ma position à la Cour de Charles X : traité par ce monarque avec cette bienveillance qui caractérisait ses moindres paroles, je ne hantais guère le château hors des devoirs de mon service. Je ne sache pas que l'on ait jamais dit que j'eusse été appelé à donner un conseil, à prendre part à une délibération. Les projets, les plans du gouvernement m'étaient tout-à-fait inconnus : le roi savait pouvoir compter sur ma fidélité : au jour du danger il m'a demandé d'agir; c'est à d'autres qu'il avait demandé de le conseiller.

En effet, le 27 au soir je m'étais rendu à St.-Cloud. Je demeurais tellement étranger aux intérêts de la politique, que n'ayant pas eu occasion de jeter les yeux sur le moniteur, j'ignorais même l'existence des trois funestes ordonnances de la veille.

Saint-Cloud, toujours si paisible, avait un aspect d'agitation qui me frappa tout d'abord. Les équipages des ministres étaient rangés près de la grille; plusieurs chevaux sellés et bridés indiquaient que des courriers attendaient des dépêches.

Le roi venait de sortir à pied accompagné de

deux personnages, que je m'abstiendrai de nommer. L'officier de garde m'apprit que sa majesté s'était rendue au jardin du Trocadéro (1).

C'était la première fois, depuis bien longtemps, que le roi dirigeait sa promenade de ce côté.

Je m'occupai de quelques détails de service, et je me retirai sans avoir rien appris de ce qui se passait à Paris.

Dès le point du jour sa majesté me fit appeler; le conseil était assemblé; là seulement j'appris que quelques troubles avaient eu lieu la veille. M. de Peyronnet dit qu'une poignée de mutins avait insulté la gendarmerie; que l'on tenterait peut-être de renouveler les échauffourées de la rue Saint-Denis; mais que l'aspect d'un bonnet à poil suffirait pour mettre ces désœuvrés en déroute.

Le roi m'apprit alors qu'il me confiait le commandement de la première division militaire; il m'ordonna de mettre la plus grande célérité dans

---

(1) C'est le point le plus élevé du parc de Saint-Cloud. De là on voit Paris.

mes mesûres répressives. Au dire des ministres, il s'agissait seulement de contenir quelques mutins, et d'en imposer à la populace par un déploiement de forces.

Je partis en hâte pour Paris. De la barrière de l'Étoile j'entendais déjà la fusillade. Je trouvai la garde royale en tenue de guerre, occupant la place Louis XV, la rue Saint-Honoré, une partie des boulevards, le Louvre, le Château. La ligne tenait le pont neuf, les quais, la rue de la Monnaie, la place des Victoires, etc.

Qui donc avait commandé tous ces mouvemens? était-ce le comte Coutard; était-ce le général Walh? le zèle trop ardent de quelques chefs ne les avait-il pas entraînés trop loin.

Je compris alors quelle terrible responsabilité on avait assumée sur moi.

La fusillade était engagée sur tous les points : le Moniteur qui venait de paraître avait appris aux habitans de Paris que leur ville était déclarée en état de siége, et que le duc de Raguse commandait les forces royales.

A chaque instant des nouvelles plus alarmantes me parvenaient. On se battait avec fureur à la Grève; les troupes étaient écrasées dans la rue Saint-Antoine. A la porte Saint-Denis, dans la rue Saint-Honoré, partout enfin les Parisiens opposaient à l'attaque des troupes une résistance terrible.

J'avais expédié dix courriers à Saint-Cloud; je ne recevais aucune réponse. C'est alors (il était trois heures un quart) que plusieurs de messieurs les députés, MM. Casimir Périer et Mauguin en tête, vinrent m'offrir d'honorables conditions de transaction. J'en appelle ici au témoignage de ces honorables citoyens; tout dans mes discours, tout dans ma conduite a dû leur prouver combien j'étais douloureusement affecté des événemens cruels qui se succédaient avec une si effrayante rapidité.

On sait l'issue de cette conférence. J'ai tenté vainement d'obtenir de Monsieur de Polignac quelques paroles de paix. Ma réponse aux députés atteste assez quelle douleur je ressentais. Comment pouvais-je agir? mes ordres étaient formels; mon devoir traçait la ligne de conduite dont je ne pouvais dévier. J'ose le dire ici, les honorables députés rendraient au besoin témoignage de mes sentimens dans cette occurrence. Soldat, j'ai fait le devoir d'un soldat; façonné aux exigeances de l'obéissance militaire, je n'ai même pas balancé un moment. Que l'homme privé juge froidement et discute la légalité d'une mesure civile, rien de mieux; le militaire ne doit qu'aveuglément obéir. Dans les états où le militaire raisonne un ordre, tout est trouble et confusion. En bonne politique, la force militaire est une arme, c'est le pouvoir constitué qui la met en jeu; que seul il soit responsable du désastre qu'elle peut produire. Charles X était roi, ses ministres exerçaient le pouvoir; ils ont commandé, j'ai obéi. . . . .

N'ai-je pas mis d'ailleurs une modération extrême dans les mesures que je prenais? Certes, l'héroïque population parisienne, exaspérée au point où je l'ai vue les 28 et 29 juillet, ne pouvait être réduite par la force; mais il était facile de lui faire éprouver des pertes incalculables; presque sans armes, dénuée d'artillerie, sa masse hardie se précipitait au-devant de la plus belle troupe de l'univers : quelques charges à la baïonnette, vingt pièces chargées à mitraille, eussent décimé la population. Au lieu de cela, qu'a-t-on vu? des engagemens partiels, des combats défensifs; le soldat français eût-il pu combattre le citoyen avec qui il fraternisait la veille. Dans cette cruelle affaire, tout a été instantané, chanceux; l'esprit hardi du Français brillait à chaque coin de rue : on se battait pour se battre; quinze ans de paix pesaient au peuple; l'odeur de la poudre l'a grisé. Mais quels regrets il a dû ressentir quand il a contemplé les fruits de la victoire !...

....

....

La nuit vint faire trève à ces sanglans combats, et je concentrai le plus possible les faibles troupes qui se trouvaient engagées sur tant de points différens.

Je courus à Saint-Cloud. Les ministres étaient froids, impassibles; le roi plein de confiance dans leurs rapports. Je reparlai d'une transaction. On rejeta cette ouverture presque avec colère; et cependant, de Saint-Cloud, on voyait déjà sur quelques points flotter le drapeau tricolore.

Avant le jour, le combat recommençait déjà. Terrible journée !... les troupes, affamées, sans munitions, ne pouvaient tenir plus long-temps; car tout, dans cette affaire, était marqué au coin de l'imprévoyance.

Bientôt le Louvre fut emporté; le peuple avait tourné les Tuileries par le Pont-Royal; saisi d'étonnement, je dirais presque d'admiration pour l'impétuosité des assaillans, je fus forcé de battre en retraite sur le château. Dans ce moment, nous fûmes pris entre deux feux; près de l'arc de triomphe de la place du Carrousel, cinq gardes royaux tombèrent à mes pieds : le plomb m'épargna.

Des Tuileries, nous opérâmes notre retraite en bon ordre. Le soldat était morne, abattu : nul cependant, parmi ces braves gens, ne pourrait blâmer ma conduite. On les a entendus se plaindre de leurs officiers; s'emporter en imprécations contre les conseillers de ces funestes journées : pour moi, ils ont plaint la rigidité du devoir que j'accomplissais : soldats, ils obéissaient à l'ordre de leurs chefs; ils ont su plaindre le général redevenu soldat à son tour; j'ose le dire, il y a eu entre nous sympathie de douleur.

Je ne raconterai pas le séjour de la cour à Saint-Cloud, le douloureux voyage de Cherbourg; mon but doit être maintenant accompli. J'ai voulu démontrer que tout, dans ces deux cruelles journées, a été imprévu, forcé; j'ai voulu faire saillir cette vérité bien constante que, de mon côté, il n'y a eu ni prévision, ni sévérité. Je n'entends pas ici récuser la part que j'ai été obligé d'accepter dans les événemens des 28 et 29 juillet, ce serait une lâcheté; je déclare seulement qu'il était impossible d'agir autrement que je n'ai fait : un autre eût fait plus dans l'intérêt mal entendu de la cour; personne n'eût pu faire moins contre la population Parisienne.

Le résultat, quant à ce qui me concerne, ne l'atteste-t-il pas? Les feuilles publiques ont raconté l'accueil que me fit, le 29, S. A. R. monseigneur le duc d'Angoulême; j'ai dû l'oublier, quoique un injuste reproche soit bien sensible après un si cruel dévoûment.

Et la cour, de quels reproches ne me chargea-t-elle pas? Ce n'est que près du Roi, juge plus équitable, parce qu'il fut abusé lui-même, que j'ai trouvé des paroles de consolation et d'encouragement; et je le déclare ici, quelque tort que puisse faire cette protestation à ma défense, Charles X avait des intentions pures; il voulait le bonheur de son peuple : déjà quelques voix éloquentes ont proclamé cette vérité à notre double tribune, et cette vérité sera reconnue par l'impartiale histoire.

Pour moi, qu'elle me juge!... Par deux fois j'ai sacrifié tout ce que l'homme a de cher et de sacré à la rigide exécution de ce que j'ai cru mon devoir.

Éloigné de ma patrie que j'aime, incertain de tout avenir, je n'ai plus d'appui, de consolation que la voix de ma conscience. Mais cette voix du moins me rassure, et me crie que je n'ai pu faillir en servant mon roi.

Signé MARMONT, duc de Raguse.

www.ingramcontent.com/pod-product-compliance
Ingram Content Group UK Ltd.
Pitfield, Milton Keynes, MK11 3LW, UK
UKHW020414250726
13967UKWH00006B/2637

9 782012 479227